AF495471

RÉPONSE

A LA

LETTRE DE M. DE NESSELRODE

EN DATE DU 12 JUIN 1855

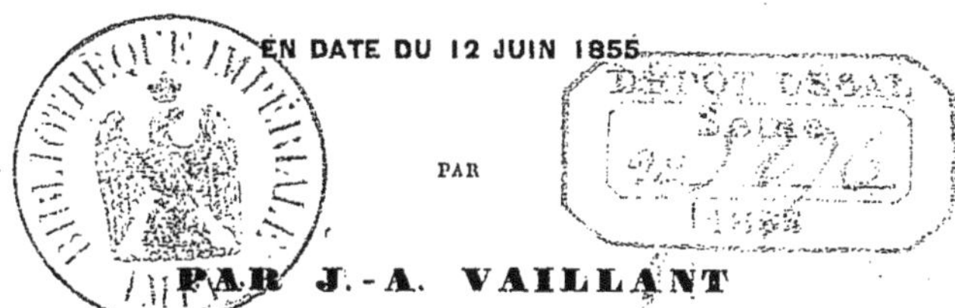

PAR

PAR J.-A. VAILLANT

Fondateur du collége interne de Bucharest et de l'école gratuite des filles, professeur de littérature à l'école nationale de Saint-Sava.

MONTMARTRE. — IMPRIMERIE PILLOY
Boulevard Pigale, 50.

1855

IMPERIAL
TIMBRE

RÉPONSE

A LA

LETTRE DE M. DE NESSELRODE

M. le comte de Nesselrode vient de publier, le 12 juin dernier, dans le journal de Saint-Pétersbourg, en réponse à la lettre de M. le comte Walewsky, une longue pièce diplomatique par laquelle il essaie de se donner raison au fond et de se justifier quant aux détails. Convaincu d'avance et que le ministre de France ne perdrait pas son temps à répondre à des opinions et à des théories déjà si catégoriquement réfutées par sa circulaire du 23 mai, et qu'aucun article de journal ne saurait le faire comme nous le permet notre expérience, nous nous sommes proposé de mettre le public, que cette pièce pourrait abuser, à même d'apprécier, par l'entière vérité des faits, la véracité des dires de M. de Nesselrode et la justesse de ses justifications.

Assurément, pour finir par s'entendre, il est nécessaire de s'expliquer nettement autant sur l'objet du différend que sur les moyens de l'aplanir. Plein du désir d'atteindre ce but, nous substituerons au langage habituellement prolixe et fallacieux de la diplomatie russe, le parler concis et franc de la politique anglo-française, et au lieu d'abuser les opinions par des sophismes qui irritent ceux qu'ils ne peuvent égarer, nous éclairerons les consciences par des certitudes qui calment ceux qui aiment à savoir à quoi s'en tenir.

C'est dans cet esprit que nous allons examiner la pièce diplomatique de M. le comte de Nesselrode, en ayant soin de relater les faits qui en démentent les paroles et de commenter les paroles qui en dénaturent les faits.

D'abord nous savons gré à M. de Nesselrode de rappeler les circonstances qui ont décidé la France et l'Angleterre à ne négocier avec la Russie que la plume d'une main et l'épée de l'autre. A cette époque, la France, à peine sortie de la tourmente et aspirant au repos, vouait avec l'Angleterre tous ses efforts au maintien de la paix dont la première elle avait besoin. Le sentiment profond de vénération que nous inspire la vérité, nous commande de revendiquer pour elles deux la gloire d'avoir refusé de l'établir sur le cadavre d'un peuple, leur allié depuis des siècles, dont l'empereur Nicolas venait d'offrir à lord Seymour de partager les dépouilles, dont il avait violé le territoire en envahissant les principautés danubiennes et incendié traitreusement la flotte à Sinope. Cette proposition, cet envahissement, cette piraterie sont les faits qui ont obligé la France et l'Angleterre à recourir d'abord à une intervention diplomatique, puis à une intervention armée et enfin à la guerre.

Elles voulaient par le double effort de la diplomatie et de la stratégie activer la conclusion de la paix; par la guerre, elles débarrassaient momentanément la Turkie de ses incessants envahisseurs; par la paix, elles mettaient pour jamais un frein aux incessants envahissements de la Russie. C'est pourquoi elles ont tenu si longtemps la plume d'une main et l'épée de l'autre; mais du jour où il leur fut évident que la Russie se complaisait à éluder les clauses d'une paix solide et durable, à cacher sous le désir apparent de la conclure, l'intention réelle de n'en faire qu'une trêve; du jour où il leur fut patent qu'elle n'avait d'autre but que de conférer à toute l'Europe sur la Turkie le privilége revendiqué naguère pour elle seule, par le prince Menschikoff; du jour où le vague de ses paroles, trahissant ses arrière-pensées, leur laissa clairement entrevoir qu'elle considérait, comme réglement définitif de la question des principautés danubiennes, le régime qu'elle leur a imposé; du jour où par le plus étrange des paradoxes, au lieu de consentir à la limitation de ses forces navales dans la mer Noire, elle faisait, au contraire, de leur développement le *palladium* de Constantinople, de ce jour la France et l'Angleterre durent clore des conférences qu'elles n'avaient plus espoir de mener à bonne fin, tant la divergence de principes entre elles et la Russie rendait insoluble la question qui les avait ouvertes.

Quelle déclaration y avait donc fait les ministres du tczar? *Celle de ne point consentir à une paix dont les conditions seraient incompatibles avec l'honneur de la Russie.* Cette déclaration, bien simple et bien naturelle en apparence, est pourtant au fond bien complexe et bien extraordinaire; car elle n'est pas une *réserve*, mais la conséquence des *droits* de l'empereur. Or, il y a deux sortes de droits : les droits incontestés parce qu'ils sont incontestables, et les droits contestés parce qu'ils sont contestables. Acceptée *sans réserve* quant aux droits *incontestables*, cette déclaration ne pouvait donc l'être *qu'avec réserve* quant aux droits *contestables* ; car sans attenter ni à l'honneur de la Russie, ni aux droits du tczar, il est permis de contester au tczar les droits toujours contestables qu'il s'est arrogés par conquête, surprise et entente sur la Finlande et sur le Caucase, sur la Bessarabie et sur la Pologne, son droit de protectorat officieux sur la Suède et son droit de protectorat officiel sur la Moldovalaquie ; car ces droits qu'il s'arroge sont les griefs des nations qui n'ouvrent jamais la bouche que pour les lui contester.

Puisqu'à l'inverse de M. Guizot, qui d'habile historien devint ministre maladroit, M. de Nesselrode se plaît à sortir, comme lui, de sa compétence, pour de ministre habile se faire maladroit historien, et démontrer à M. le comte Walewsky que de cet *accord librement conclu entre les ducs de la Moldo-Valaquie et les sultans, il y a des siècles, il n'est résulté que malheurs*, tous les malheurs qu'il énumère jusqu'en 1828, la peste même y comprise, qu'il me soit permis à moi qui ne suis ni historien-ministre, ni ministre-historien, mais simplement l'historien de la Romanie, d'exposer à mon tour cette leçon non moins vraie à l'égard des Russes de ce siècle que ne l'est celle de M. de Nesselrode à l'égard des Turcs des siècles passés.

Si depuis 1717 jusqu'en 1821, les regrattiers, cafetiers, limonanadiers et fourreurs du Phanar, substitués aux juifs dans le drogmanat, se sont définitivement emparés de l'hospodarat des principautés pour s'y ravaler au rôle de *fermiers* du fisc ottoman, n'est-ce pas grâce à l'appui que n'a cessé de leur prêter le cabinet russe ? N'est-ce pas un Moldave phanariotisé qui lui a inspiré de le leur prêter? N'est-ce pas D. Cantimir, celui-là même qui en 1711, après Pultava, livra la Moldavie à Pierre Ier, alors que Pierre Ier lui avait déjà cédé l'empire par ukaz publié à Mohilof, le 1er avril de la même année? Si ce D. Cantimir, savant polyglotte, savant historien, n'avait été que le président de l'Académie des sciences de Saint-Pétersbourg, qu'il avait fondée sur un plan donné par Leibnitz, si Antiochus, son frère, n'avait été que le créateur de la poésie russe, c'en serait assez déjà pour donner à entendre qu'elle a pu être leur influence sur la civilisation de la Russie et sur les tendances de son gouvernement ; mais ils ont été en outre les auteurs de cette politique qui pousse les tczars vers Constantinople et qui en cent ans leur a donné les bouches du Don, du Dniester et du Danube, Taganrok, Akerman et Sulina, le pays des Cosaques, la Crimée et la Bessarabie.

Connaissant à fond le fort et le faible de la Porte dont le prestige de puissance et de grandeur éblouissait encore l'Occident, ils apprirent au tczar que ce prestige était trompeur, que l'empire ottoman n'était pas une nation homogène, mais un amalgame de peuples chrétiens supportant avec peine le joug qui pesait sur eux, qu'ils béniraient la main qui les délivrerait, qu'il était au Phanar de Constantinople des hommes versés dans les affaires du Divan, qu'il devait les gagner et se les attacher; ils lui dirent alors tout bas de la Turkie ce que depuis quinze ans nous ne cessons de répéter tout haut de la Russie; et ils lui inspirèrent alors ce testament politique que depuis quinze ans nous inspirons à l'Europe de casser.

En présence de ces faits et des monstruosités qu'ils engendrent convient-il au cabinet russe de n'imputer qu'à la Porte ce régime démoralisateur des Phanariotes, à l'aide desquels il dénationalisait les Moldo-Valaques pour tendre par la *garantie* et arriver par le protectorat au but du testament de Pierre? Non; et si quelqu'un a réellement droit de se plaindre des Phanariotes, ce n'est certes pas le cabinet russe, car il n'a cessé d'en faire les instruments de sa politique.

Dans tous les cas et avant de voir en quelle estime l'histoire le tenait avant nous, sachons gré à M. de Nesselrode de nous avoir emprunté le titre de *fermiers* que nous leur avons imposé dans notre *Romanie*; car il n'est pas un honnête homme qui, à la lecture du chapitre de 80 pages que nous leur y avons consacré, puisse leur reconnaître le titre de *princes*.

Sans doute, dit Raicevitch (p. 25), *comme il me répugne de décrire les iniquités des Grecs du Phanar, il me suffira de dire qu'ils ont ruiné le pays et en ont fait un désert;* sans doute, dit Del Chiaro (p. 208), *les Phanariotes ont toujours été funestes à la Moldo-Valaquie, quand ils en obtenu le gouvernement;* sans doute, dit Emile Gaudin, notre ancien consul à Bucharest, *plus d'un million de Valaques ont franchi les Carpathes pour fuir les exactions des Russes et des Phanariotes;* sans doute, dit Raffenel (p. 173-177), *les Grecs ne voyant dans les Phanariotes qu'orgueil d'affranchis et bassesse d'esclaves, aiment mieux les avoir pour ennemis que pour maîtres.* Sans doute, dit Anagnosti (p. 18), *les Phanariotes, obscurs débris de la race Byzantine, ont par leur cupidité et leurs intrigues dépouillé la Romanie et perdu ses droits politiques;* sans doute, dit Elias-Regnault (p. 79), *le règne des Phanariotes a été pour la Valaquie quelque chose de plus triste que la ruine et le déshonneur.* Sans doute, dit Zalloni, *on trouvera plutôt une coquette sans prétention, un médecin sans charlatanisme, un prêtre sans hypocrisie, qu'un Phanariote sans intrigue, sans orgueil, sans cupidité.* (Hist. des Phanariotes. 1830).

Mais encore une fois, si le régime des Phanariotes fut un fléau constant de 1717 à 1821, c'est-à-dire pendant plus d'un siècle, il appartient d'autant moins à la Russie de s'en plaindre qu'après s'être adjugé la mission d'y mettre un terme par sa *garantie*, loin d'en rien faire, elle l'a toléré encouragé jusque sous les princes indigènes par son *protectorat*.

Avant de tracer le pénible tableau de ses influences protectrices, qu'il me soit permis de rectifier une expression erronnée pardonnable au diplomate, mais qui ne peut l'être à l'historien. M. de Nesselrode attribue au traité d'Andrinople le replacement du gouvernement des principautés entre les mains des hospodars; historien il eût dit : en 1834, les Russes remirent le gouvernement des principautés entre les mains d'indigènes auxquels, depuis 1822, sultan Mahmoud avait rendu l'hospodarat; mais, diplomate, il lui plaît de passer sous silence cet acte de justice suzeraine accompli non-seulement sans son assentiment, mais contrairement à ses intentions; et quand la vérité lui impose de n'attribuer qu'à la fidélité des Moldo-Valaques et à la trahison de Phanariotes envers leur suzerain, ce qu'il se plaît à attribuer au traité d'Andrinople, c'est qu'il doit se bien garder de raviver le souvenir de ses connivences *révolutionnaires* avec les *conspirateurs* hétairistes Ypsilanti, Cantacuzène, Soutzo, Mourouz, Hangerli, Caradja, dont la plupart des fils combattaient à Dragashan dans le bataillon sacré. Ce fait suffira pour faire comprendre que l'article inséré au *Moniteur* du 5 de ce mois, et attribuant à la minorité d'âge des Soutzo, des Callimachi et des Mourouzi, le replacement de l'hospodarat aux mains des indigènes, n'est pas moins fallacieux en ce point que l'article de M. de Nesselrode auquel il répond : « Non, ce n'est pas parce que *des deux branches Soutzo,* des *Mourouz* et des *Callimachi, il ne restait que des enfants en bas âge,* » que la Porte accomplit cet acte de justice du sultan Mahmoud lors de l'insurrection grecque en 1821; car plus d'un étaient alors majeurs et en âge de briguer cette faveur, comme il en est encore aujourd'hui plus d'un qui intriguent pour la récupérer; c'est parce que ces familles, grecques d'origine, il est vrai, mais Phanariotes, et à ce titre reniées des Grecs eux-mêmes, ayant trempé dans la révolution, dont Ypsilanti donna le signal, le sultan Mahmoud les avait déclarées *félones et indignes* à jamais de l'hospodarat. Soit dit en passant, les Moldo-Valaques aiment à espérer que le sultan Abdul-Medjid ne déviera pas en ce point des généreuses traces de son père et que les gouvernements d'Angleterre et de France, prenant à cœur d'assurer un meilleur avenir aux principautés, sauront mieux trouver qu'un Phanariote pour présider à leurs destinées. Ceci soit dit moins contre leurs qualités personnelles quelque fois brillantes que contre leur esprit de caste toujours superbe et mesquin.

Avant d'apprécier le statut organique actuel, il n'est pas non plus hors de propos de relater l'origine de la clause du traité d'Andrinople qui en consacre la nécessité. Comme il vient d'être dit, grâce à la trahison des Phanariotes et non à l'administration du général Kisselef, la Moldo-Valaquie avait recouvré dès 1822 ses princes indigènes. L'un d'eux, le défunt G. Ghyka, hospodar de Valaquie, avait achevé un statut de réforme, lorsqu'en 1828 les Russes envahirent le pays pour la quatrième fois. Soumis à leur sanction, ce travail n'avait pas été jugé capable de faciliter l'exécution des plans de Saint-Pétersbourg; mais l'archevêque métropolitain avait été exilé au delà du Dniester, et le trop fameux Zaltoukin n'était pas encore arrivé, que déjà G. Ghyka avait dû résigner ses fonctions entre les mains de M. Minciaki.

Cependant, la Russie tenant à ne pas froisser trop vivement les sentiments des Valaques, M. Minciaki eut ordre de leur promettre un statut de la part de la victoire et de le leur donner dès que la paix serait signée. De là ce singulier statut organique actuel auquel ressemblait celui de défunt G. Ghyka, comme un habit de velours doublé de soie se ressemble à lui-même, quand on en a changé le dessus en burre et le dessous en bourracan.

L'esprit russe s'y cachant sous le style valaque comme la tête du loup sous la mantille de Gillot, il n'a produit que ce qu'il pouvait produire, un monstrueux mensonge, une iniquité monstrueuse; et l'on peut affirmer que si le pays a néanmoins progressé, c'est en dehors de ce statut, contre ce statut, malgré tout et par la seule force des choses.

Ce statut organise, il est vrai, les tribunaux, la milice, l'instruction, la perception de l'impôt, la ligne des quarantaines, l'élection du prince et des corps municipaux; mais quelle organisation! Elaboré sous l'influence des baïonnettes et la présidence du consul russe Minciaki, il est à peine signé qu'il est déjà violé par celui-là même qui l'impose. En effet, non-seulement il n'est pas, comme l'exige le traité, le résultat de *l'accord général des habitants*, et n'est que le fruit de l'entente d'une coterie d'hommes pour la plupart achetés et vendus, mais encore, au lieu d'être élus au moins selon le statut par l'assemblée, les deux princes sont nommés de gré à gré par les deux cours de Russie et de Constantinople; et l'élection des corps municipaux est confiée au consul russe qui choisit sur une liste de candidats les hommes les plus aptes à servir sa cour. Enfin, le traité de Balta-Liman est venu consacrer cette violation du traité d'Andrinople et du statut organique, en obligeant la Porte d'investir de l'hospodarat de Valaquie l'homme qui le plus lui est hostile.

Les tribunaux sont organisés de manière à n'être qu'un repaire de chicane où le juge reçoit des deux mains, où la justice se vend et s'achète, où les faux sont valables, où les consignations sont en proie à l'improbité des caissiers, où l'iniquité dépouille les pauvres de leur peu de biens pour les livrer aux riches qui le perdent au jeu, comme il vient d'arriver entre les paysans du village de Couca et le Phanariote *Plaïnos*, gendre de Shtirbéiu.

L'armée, qui pourrait être au minimum de quarante-cinq mille hommes pour les deux principautés, vu leur population de quatre millions cinq cent mille habitants et qui n'a jamais atteint que le chiffre de dix à douze mille sous Bibesco, l'armée, dis-je, est organisée de manière (ses chefs Banof, Odobesco, Khiresco, Floresco, Solomon, Singour, Skéléto, Iakovaco et Pavlof étant russes ou agents russes), que, si elle n'est à la dévotion de la Russie, elle est pour le moins un argent perdu.

L'instruction est organisée de manière à ce que tout développement lui est impossible. L'enseignement de la philosophie et de l'histoire en est banni ; ni philosophie de l'histoire, ni histoire de la philosophie ; tout y est rudimentaire, et la lecture même de l'histoire du pays est interdite. A l'exemple de Louis XI, Bibesco l'a fait enchaîner dans la bibliothèque, parce que écrite en français avec le sang de mon cœur, elle dévoile toutes les turpitudes du présent et annonce cet avenir que la France et l'Angleterre préparent généreusement aux principautés danubiennes. Les séminaires sont des foyers de propagande russe dont les chefs, étrangers au pays et gagnés à l'orthodoxie du tzar, n'ont d'autre mission que de fanatiser les élèves sur son omnipotence. D'ailleurs, les écoles laïques fondées dans tous les villages par A. Ghyka, de 1834 à 1840, et abolies par Bibesco, n'ont aucun espoir d'être rouvertes par Shtirbéiu. Les établissements privés dus au zèle persévérant de quelques honnêtes étrangers, Allemands et Français, réduits à l'impuissance par la coupable indifférence d'un gouvernement qu'ils offusquent, dépérissent chaque jour, et tour à tour disparaissent devant le souffle de la prévoyance craintive et jalouse du cabinet russe ; enfin, l'institut national promis aux jeunes filles par ce statut qui lui alloue cinquante mille piastres de revenus annuels, est encore dans le néant et les un million deux cent cinquante mille piastres qui lui reviennent depuis vingt-cinq ans, ont été jouées aux cartes ou données en épingles à des maîtresses.

La perception des impôts est organisée de manière que les paysans qui n'ont rien sont obligés de payer à l'État pour les boïards qui ont tout; et les impôts sont jetés en curée aux fonctionnaires russolâtres de la bureaucratie.

Les quarantaines, dont le but apparent est de garantir le pays de la peste, sont organisées dans le but réel de l'isoler politiquement de la Turkie, d'arrêter les correspondances, de soumettre les voyageurs à l'inquisition la plus scrupuleuse, d'entraver de ce côté toute relation avec l'Occident, de gêner le cours des provenances d'Europe par la Turkie et le Danube, comme l'Autriche le gêne par ses douanes des Carpathes, de renfermer ainsi la Moldo-Valaquie dans un cercle d'oubli et de fournir au conseiller d'État russe, le Phanariote Mavros, directeur général de ces quarantaines, le moyen de se faire une fortune princière qui ne coûte rien aux finances de Saint-Pétersbourg.

Peut-être M. de Nesselrode dira-t-il que le statut est bon, que l'application seule en est mauvaise, puisque tout allait bien sous l'administration du général Kisselef; nous répondrons à M. de Nesselrode que le général Kisselef n'administrait pas d'après ce règlement qui s'élaborait, mais selon son cœur; qu'il n'a pas dépendu *de cet intelligent interprête de la volonté impériale* de mieux faire, obligé qu'il était d'obéir à la volonté *immuable* de son cabinet; et que nous lui avons prouvé toute notre estime en regrettant ou qu'il ne fût pas Français pour n'être pas obligé de servir un gouvernement tel que le sien ou que tous les Russes ne lui ressemblassent pas, afin d'imposer à ce gouvernement une direction plus humaine qui lui épargnât les malédictions des peuples (1). D'ailleurs, la vérité va démontrer non-seulement que l'application est mauvaise et le statut pis encore, mais qu'ainsi le veut la Russie. En effet, ne s'est-elle pas arrogée la haute main en tout et partout, sur les places, les rangs, les grades, les gratifications, et jusque sur les sentences des tribunaux, et n'exige-t-elle pas d'être consultée sur les moindres actes? N'est-ce pas à des hommes de son choix, choix obligatoirement sanctionné par le prince, ou du choix du prince, choix soumis de fait à sa sanction, qu'est confiée la mise à exécution de ce statut? N'est-ce pas elle qui tient en incessante hostilité le prince et les boïards pour les ameuter tour à tour l'un contre l'autre au gré de ses intérêts, motiver et nécessiter sa médiation. S'est-il jamais rien fait de mal sans son assentiment, et s'est-il jamais tenté quelque chose de bien sans sa contradiction? N'a-t-elle pas toujours repoussé tout projet utile présenté par les hommes de l'Occident? N'est-ce pas pour lui plaire que Shtirbéi a rejeté en 1831 le plan d'une université présenté par l'auteur de cette Romanie qu'il maintient aux fers? N'est-ce pas pour lui plaire que M. Stourdza

(1) Romanie, t. II, p. 362.

a repoussé le plan de canalisation du Seret dressé par un autre Français, M. Hommaire de Hell? N'est-ce pas par Stourdza et par Bibesco qu'elle a éconduit les agents d'honnêtes compagnies anglaises et prussiennes qui proposaient l'exploitation des mines, l'établissement d'une banque nationale et d'une société d'assurances contre l'incendie? N'est-ce pas elle qui a suscité et envoyé l'année suivante en Moldo-Valaquie cette société *Trandafilof* et *Zaporovsky*, qui, sous prétexte d'en exploiter les mines, s'en rendait maître, si on l'eût acceptée? N'est-ce pas elle qui a motivé ces firmans récriminatoires de la conduite des députés qui s'opposaient à ses vues d'incorporation? N'est-ce pas elle qui autorisait M. Shtirbéi à détourner de leur ligne cinq grandes routes pour, en les faisant passer sur sa terre de Bufta, lui donner une valeur qui lui manquait? N'est-ce pas elle qui pendant quinze ans a souffert toutes ces concussions qui font de M. Stourdza l'un des plus riches propriétaires de l'Europe? N'est-ce pas elle qui s'est constamment opposée à restituer à l'État ses monastères dédiés et non donnés aux Lieux-Saints, parce que leurs revenus servent merveilleusement sa politique en Orient? N'est-ce pas M. de Nesselrode qui, dans l'affaire de M. Soutzo contre la veuve Zaman, enjoignit au prince A. Ghyka de casser la sentence, et fit ainsi au prince un cas de conscience de faire compter à la veuve Zaman sur sa cassette 2,500 ducats en excuse de cette iniquité? N'est-ce pas le consul Dashkof qui, par ordre de Pétersbourg, lui enjoignait encore de donner gain de cause à C. Soutzo contre A. Ghyka dit Barberousse, bien que tous les droits fussent pour ce dernier? Enfin, n'est-ce pas la Russie qui, aux pachas turks, a substitué à Iassy, à Bucarest, à Galatz, à Ibraïl, à Tournou ces petits satrapes russes appelés Rukman, Dashkof, Kotzbue, Halcinsky, Bézak, Tomansky, Colla, Ger, Dendrino, dont la mielleuse orthodoxie ne le cède en rien au rude fanatisme des anciens dèrèbeys musulmans?

Et maintenant qu'est, en résumé, ce statut, dont l'application est si fatale au pays? l'anéantissement de tous les principes de son antique constitution; la consécration de castes qui n'y existaient pas avant 1717; la réglementation du servage et des corvées du paysan; la sanction des priviléges que se sont arrogés quelques familles; l'établissement d'une aristocratie bureaucratique dont, pour l'instruction, les deux tiers sont à peine au niveau des plus modestes boutiquiers; la suprématie despotique de cinq mille familles sur près de cinq millions d'hommes; le régime du bon plaisir sous la présidence d'une élite façonnée aux coquettes allures russo-phanariotes et qui ne tient à son aristocratie que pour ses priviléges et à ses priviléges que pour les bénéfices qu'ils permettent de réaliser sous les formes de l'iniquité la plus légale.

Voilà donc tout ce que la Moldo-Valaquie a gagné au traité d'Andrinople. S'en féliciter comme d'un succès honorable aux yeux de la civilisation, c'est regarder Paris pour voir Tobolsk, c'est être louche; c'est confirmer ce que j'affirme savoir : que ce traité n'a eu d'autre but, en ce qui concerne les Moldo-Valaques, que de leur enlever leur droit d'initiative, de détourner de sa voie la réforme élaborée par défunt G. Ghyka et de fausser le caractère national et l'esprit public, pour arriver par la démoralisation au but du testament de Pierre Ier.

Qu'en est-il résulté? qu'en 1848 l'archevêque métropolitain de Valaquie a lancé publiquement en présence de cent mille spectateurs et à la face du soleil, sur ce statut, toutes les malédictions que Dieu dictait à son cœur et que le peuple, déchirant cette œuvre maudite, l'a jetée au feu feuille par feuille, en chantant à chaque feuille: Amen! et le métropolition et les Valaques n'avaient pas moins raison alors que n'avaient raison Sobiesky et les Moldaves quand, au dix-septième siècle, ce preu de la chrétienté, brûlait de ses propres mains, au milieu des rues de Iassi, le traité de Bogdan qui liait la Moldavie à la Porte.

On conçoit, tout espoir lui étant échappé de reprendre le protectorat effectif, pourquoi M. de Nesselrode essaie de démontrer que le cabinet russe n'a jamais tendu à autre chose qu'à faire sanctionner et garantir par l'Europe le régime sous lequel il a placé les principautés; c'est un fait dont personne n'ignore, mais dont personne n'a voulu; ce régime étant russe, les puissances n'ont pu l'admettre; que si, jusqu'ici, elles en ont toléré l'application, elle se sont toujours refusées à reconnaître la validité de l'acte qui le consacrait. Ce statut n'a jamais été pour elles, au point de vue morale et politique, qu'une chose sérieusement dangereuse pour le pays.

Sans doute il conviendrait à la Russie que ce régime sous lequel elle l'a placé fût respecté, que l'avenir ne fût ainsi que la continuation du passé, qu'il n'y eût pas entre ces deux temps ce je sais quoi de tranchant qui fait ère et sert de base non à une dégénération complète, mais à une entière régénération; car, forte de sa simple influence de voisinage et soutenue par ses accointances avec les parties gangrénées de la Boïarie, elle ne désespérerait pas de resaisir avec le temps ce protectorat qui lui a glissé des mains comme une anguille; mais l'Europe, attentive, prudente, et qui veut la paix, saura l'asseoir de façon à ôter de ce côté tout prétexte de guerre. Elle amènera le sultan à raviver les anciennes capitulations des Valaques et à reconnaître le tort que s'est assumé la Porte en cédant la Bessarabie au tczar; elle amènera le tczar à reconnaître qu'il n'appartenait pas au garant de ces capitulations de les oublier lui-même au point d'accaparer en l'acceptant une province dont la possession moldave était précisément l'un des objets principaux de sa garantie; elle lui fera un devoir de probité de la restituer, comme elle en fera un au sultan de la réannexer à la Moldavie; car il n'appartient pas plus au suzerain et au garant de se partager, pour se les approprier, les biens du vassal, qu'il n'appartient au tuteur et au subrogé-tuteur de se partager, pour se les approprier, les biens du pupille. La morale est au fond, en tout et partout, la même; au politique comme au civil et, nous aimons à le croire, tout aussi bien en Russie qu'en Turkie.

De cette façon la Russie n'aura pas à faire couler le sang de ses serfs pour la passe de Soulina; d'une part la Moldavie, rentrée en possession de la moitié d'elle-même, sera chargée d'exécuter à ses frais le dragage du fleuve, de le nettoyer du lest que la Russie autorisait d'y jeter le jour, de celui qu'elle y faisait jeter elle-même la nuit et des vieilles barques qu'elle y échouait depuis vingt ans, depuis que Galatz et Ibraïl portaient ombrage à Odessa; d'autre part l'Autriche exécutera, à son compte et dans l'intérêt allemand, les travaux nécessaires pour rendre navigable le passage du fleuve au lieu dit : Porte-de-fer. Enfin, les divers consuls des puissances établies dans les Principautés y formeront naturellement la commission permanente chargée de veiller à l'exécution des travaux nécessaires à l'entretien de la voie fluviale.

Il ne m'appartient nullement de discuter si la Russie a tort ou raison de ne consentir à la démolition de Sévastopole que quand les alliés l'auront rasée; à la limitation de ses forces navales dans l'Euxin que quand les alliés les auront détruites; à la destination exclusivement commerciale de cette mer que quand les alliés auront anéanti sa marine marchande; à l'abandon des bouches du Danube que quand les alliés lui auront enlevé la Bessarabie; mais je me permettrai de faire remarquer à M. de Nesselrode qu'il est vraiment peu adroit de sa part de nier à M. le comte Walewky que les hospodars aient jamais plus compté depuis le dix-septième siècle, avec la Russie qu'avec la Turkie, quand au milieu de ce siècle, au début même de la grave question qui nous occupe, les deux hospodars viennent d'en donner la preuve la plus flagrante.

En effet, n'ont-ils pas envoyé une députation aux généraux russes encore au delà du Pruth, avec mission de les complimenter avant leur passage du fleuve et ne les ont-ils pas accueillis à leur passage en juin 1853, comme des protégés accueillent des protecteurs? Ne se sont-ils pas mis à leur disposition avec le pays, ses paysans et son bétail? N'ont-ils pas préféré abandonner à leur merci les caisses publiques plutôt que d'envoyer le tribut à la Porte qui le réclamait? N'ont-ils pas refusé de se rendre à l'appel qui les invitait à Constantinople! Shtirbéiu n'a-t-il pas résisté deux fois aux injonctions du sultan? En tout ceci comptaient-ils donc moins avec la Russie qu'avec la Porte? N'est-ce pas au contraire parce qu'ils se sont montrés d'autant plus obséquieux envers son cabinet que M. le comte Nesselrode insista fortement pour que les dettes de Ghyka fussent payées et qu'il fût tenu compte aux deux hospodars du dividende mensuel de leur liste civile, alors que, résignés de leurs fonctions et hors du pays, ils n'avaient plus qualité à y prétendre?

Nous laisserons au public, témoin de tant de faits apportés en preuves en si peu de temps par des hospodars à peine installés, le soin de juger la dénégation de M. de Nesselrode, de l'apprécier ce qu'elle vaut et de la caractériser ce qu'elle est. Et pour en finir avec toutes les récriminations de la Russie d'aujourd'hui contre la Turkie d'autrefois, nous dirons que si le libre passage du Danube était une cause fréquente de peste dans les principautés, la famine, l'épizootie et les sauterelles n'ont jamais manqué d'y entrer avec ses soldats à chacune de leurs invasions.

Maintenant, pendant que tout le monde intrigue, particuliers et gouvernements, pendant qu'à Constantinople l'Autriche et la Russie s'efforcent d'inspirer des inquiétudes contre la France et l'Angleterre, pendant que dans l'attente de la réunion des principautés les deux hospodars s'en disputent l'hérédité, pendant qu'à Paris des commis voyageurs franco-phanariotes font l'article en faveur de tel ou tel, d'un Ghyka ou d'un Cantacuzène, planant au-dessus de toute intrigue, contentons-nous d'exprimer aux gouvernements d'Angleterre et de France toute notre gratitude pour le généreux intérêt que leur a inspiré la juste cause des Moldo-Valaques, d'appeler de tous nos vœux le jour où, appréciant leur origine, pesant leurs droits et leur tenant compte de leur saintes aspirations pour la civilisation de l'Occident, elles leur auront obtenu cette *constitution qui doit leur servir de rempart contre les invasions sans cesse renaissantes du nord* et leur auront donné ce prince étranger qu'ils réclament comme un rempart CONTRE LES INTRIGUES SANS CESSE AGISSANTES DES PHANARIOTES (*mineurs ou majeurs, de quelque famille qu'ils soient.*)

J.-A. VAILLANT.

Paris, 12 juillet 1855.

www.ingramcontent.com/pod-product-compliance
Ingram Content Group UK Ltd.
Pitfield, Milton Keynes, MK11 3LW, UK
UKHW021018220726
13924UKWH00001B/56